JN439347

제일 좋은 구두를
신기로 했다

권우용 시집

교음사

序詩

쑥스러운 것은

쑥스러운 것은
내가 여든이라는 것이고
더 쑥스러운 것은
50년 지각생이라는 것이고
더욱더 쑥스러운 것은
이제 겨우 중학 1년생이 된 기분이라는 것이다
거기다 더욱더 쑥스러운 것은
건방지게 시를 공부하고 있다는 것이고
무엇보다 더 쑥스러운 것은
부끄럼도 없이 자꾸만 시가 쓰고 싶어지는 것이고
누가 뭐라 해도 내가 쑥스러운 것은
배우지 못한 내 학문의 얕음이고 모자람인데
세상의 누가 뭐라 해도 내가 쑥스러운 것은
염치도 없이 꺼지지 않은 내 인생 마지막 열정이라 하겠는데

세상 사람들은
허욕이라 흉보기도 하면서
지나친 탐욕이라 수군거리기도 하겠지만
조금 대견하고 자랑스러운 것은
늘그막 노년의 몰입(沒入)
지금도 꺼지지 않고 붉게 타고 있는 불꽃 때문이다

가족들
선생님들
손뼉 치는 친구들
읽고 격려해주시는 분들
모든 분들께 깊이 감사드립니다.
더 좋은 작품 쓰도록 노력하겠습니다.

2017년 8월, 여농 권우용

· 권우용 시집
· 차례

1 살아가는 재미

2 두물머리에서

3 제일 좋은 구두를 신기로 했다

4 여든의 생일

1

살아가는 재미

스마트폰은 즐겁다

-여보세요?
아 사모님! 안녕하세요?
예? 저녁 6시에…
네, 매일 만나는 그 곳에서…
네네, 알겠습니다.

즐거운 약속
대화가 즐거우면 상상도 즐겁다

-또 여자 만나나?
-와 나는 만나면 안되나?
-부럽다. 나도 한 사람 소개시켜 도
-니도 여자 만나고 싶나?
- ………
하하하하
그런데, 이를 어쩌나
제 마누라 소개시켜주는 바보도 있든가

더러는

더러는
주전골 고운 단풍 길을 걷거나
덕유산 향적봉 설화(雪花)를 보다가
옆에 선 여자를 보면서
당신이었으면 좋겠다는 생각을 했지

더러는
알프스의 몽블랑 그 아름다움에 취하거나
파리의 리도쇼 그 현란한 춤을 즐기다
옆에 앉는 당신을 보면서
다른 여자였으면 하는 생각도 했지

사랑의 배신
남자들의 얄궂은 본능
동전의 양면 같은 것
주체하지 못하는 변덕을
어이 할꼬! 어찌하면 좋을꼬!
벌써 여든이나 되었는데
언제면 초연(超然)할 수 있을꼬!

상대성원리(相對性原理)

애인
사랑하는 사람
그립던 사람과의 만남
뜨겁게 뜨겁게 입맞춤하면
3분도 3초 같이 순간이라 느끼지만

반목
역겨운 배신자
미운 사람과의 만남
억지로 자리를 함께 하면
3분도 30분이 되지 않드냐

우리들 일상에서
황홀과 행복이 불쾌와 미움에 비해
얼마나 값지고 즐거운 것인지
하늘과 땅만큼의 차이가 있지 않느냐

사랑하며 살아라
더러 목마른 갈증 같은 그리움에 운다 해도

기다림도 즐거움이라 여기며
팥소 없는 빵은 먹지 말고
단무지 없는 김밥은 만들지 말고
뜨거운 키스처럼 달콤한 인생을
미움 없고 다툼 없는 그런 인생을 살아라

콧노래

흥겹고
즐거우면
코도 노래한다

아는 노래거나
모르는 노래거나
음정 박자는 자유
멋대로 불러도 흉보는 사람 없다

새벽 걷기 30분쯤이나
산 봉오리 올랐다 하산할 때
몸과 마음이 즐거워져서
나도 모르는 사이 흥얼거리게 되고
발걸음은 저절로 솜털처럼 가벼워진다

이웃도 함께 즐거워져
눈썹달 고운 윗동네도 맑아지고
옆 마을 귓가 오솔길에 새소리가 즐겁고
이웃집 담과 대문으로 숨소리와 목소리도 흥겨우니

우리들 육신의 모든 자리가 상쾌해져
저 먼 동네 팔다리에도 힘줄 돋고
방귀는 붕붕 하모니를 이룬다

즐겁고 시원한 소통
고속도로 10차선 도로가 그러하듯
큰바람, 찬바람 마셔도
기침 한 번 하지 않는 신나고 행복한 비결
콧노래가 그 답 중에 하나다

콧노래를 부르세요
즐거우면 절로 나옵니다
새벽 길 걷는 것이 그 방법입니다

참 좋은 당신

더러는 초라했지만
가끔 울고도 싶었지만
당신이 있어
나는 슬프지 않았고
외롭지도 않았다

아이들 키우면서
당신의 품속에서 아이들 자라면서
가난도 당당할 수 있었고
남루도 큰 허물이 아님을 배웠고
오히려 노동 속에서 흘리는 땀방울이
자랑이 되고 근본이 됨을 알았다

어쩌다 비틀거리며
좀 주저앉고도 싶었지만
나는 굳건할 수 있었고
가난을 이겨왔기에
우리는 절대 가난하지 않았다

좀 불편했지만
조금 초라하고 부끄러웠지만
당신이 있어
나는 한 가정에서 착한 아버지였다

당신
참 좋은 당신

닮은 꼴

이제 보니
너도 나를 닮았고
나도 너를 닮았다

잘났다고 뽐내던 놈들
계집들 꽁무니만 따르더니
졸부(猝富)들, 좀 모으고 쌓았다고
흥청망청 마구 뿌리면서 설치더니
더러는 높은 자리 올랐다고 군림하고 과시하더니
이제는 떠날 놈들 다 떠나버리고
남은 사람 몇몇 뿐인데
지금 보니
모두가 닮은꼴이라 좋다

아무리 차려입고 광낸다 해도
너도 늙고 시들었는데
누구나 닮은 꼴
비슷하고 똑 같으니 좋지 않느냐
멸시와 비웃음 없으니 좋고

명령과 하대가 없어 좋은데
더 좋은 것은
너도 늙고 나도 늙어
우리가 시드는 것도 닮았다는 것이다

이제는 모른체 마라
잘난 체 외면치 말고 차별하지 마라
갈 길도 똑 같은데
지금부터라도 어깨동무 하고 가자
닮았다 닮았다 늙은 호박처럼
크거나 작거나 잘 익은 호박처럼
닮은 사람끼리 같이 가자
우리가 닮았으니 함께 웃으며 살자

고마운 일

잘 된 일이다
아무래도 늙을 걸
이렇게 건강하게 늙었다는 것이
잘 된 일 아니냐
나쁜 놈 되지 않고
큰 거짓말 하지 않고
부끄럽지 않게 늙었다는 것
얼마나 다행한 일이냐

여든 즈음에는
무탈한 것이 으뜸이라는데
무슨 사고도 불행도 없이
아이들도 건강하고 즐겁다면
비록 나는 좀 늙어 비틀거린다 해도
무엇 하나 안 좋은 게 있는가

남은 한 가지
먼 길 떠나는 일
뭐 어렵지 않겠다는 생각을 하면서

이렇게 잘 늙은 것에 대해
곱고 즐겁게 늙은 것에 대해
함께 가는 여러분에게
모든 분들께 감사하는 마음이다

혼자 있기 연습

매일 하루가 오고 가며
아내는 차타고 수영장 가고
아내는 차려입고 계(契)에 나가고
아내는 목욕하고 백사(百寺)순례 떠나고
아내는 친구들과 1박 2일 여행 가버렸으니

나는 자주 혼자 밥을 먹는다
찬밥을 물에 말아 밥을 먹는다
함께 살아있는 것만 해도 고맙다지만
더러는 혼자라는 생각에 외롭기도 하다
더구나 늙을수록 외로움을 더하는지
아내와 함께 있어도 외로울 때가 있다

나도 어딘가 열심히 다니기로 했다
이곳저곳, 가까운 곳 먼 곳, 오라는 곳 오지 말라는 곳
원로방 컴퓨터교육장, 봉사활동 영화상영반, 진주문화원 문화대학
거기에다 밥 먹는 친구, 술 마시는 친구
동전 따먹는 고스톱 친구들 몇몇은 있지만

그래도 혼자서 대화 없는 시간이 너무 많다

시간보내기도 요령이 늘어 신문 읽다가 졸고 컴 보다가 졸다가 시를 읽다가 쓰다가 우두커니 멍청하게 생각 없이 생각하다 무엇인가 깜빡깜빡 잊었다가 시간을 아끼다가 죽이다가 혼자라는 생각에 외로운 나그네가 되어 빈털터리라는 생각에 버려진 아이처럼 어찌해야 될지 어디로 가야 할지 외롭고 심심해서 무엇을 해야 할지 손자놈 이름도 잊고 눈도 침침 무엇이 헛보이기도 하고 덩달아 어디가 아픈 것도 같고 아닌 것 같기도 하고 그렇게 그렇게 하루가 가고 밤이 오면 아내는 옆에서 뜨개질만 하고 앉았고 나는 혼자 외로워 책을 들었다 놓았다 한다

이제는 어쩔 수 없다
혼자 있는 연습을 하자
혼자 살아가는 공부도 하자
혼자 살기에 길들여지고 숙달해야 하는 세상이다

오늘은 당장
밥하는 법과
양말 빠는 법을 배워야겠다
허허 참!
혼자 가만히 살기도 쉽지 않은 세상이다

차이점(差異點)

내가 하면 로맨스
네가 하면 불륜(不倫)이라는데

로맨스는 사랑이고
불륜은 불장난이니

아하
이제 알겠다
로맨스는
즐겁지만 비밀이고
불륜은
짜릿해도 순간이다

뿐만 아니고
숨기고 즐기면
로맨스인데
잡히고 들통나면
부끄러운 파멸이다

살아가는 재미

재미는
기쁨과 즐거움을 말하는데
사람 살아가는 재미
지지고 볶고 싸우면서도
그 재미 덕분에 우리는 열심히 살고 있는 것이다

무거운 짐 지고 힘들다 하면서도
우리가 살아가는 재미를
크고 많은 것, 높고 별난 것 아니라 생각하고 보니
뭐 대단한 것 아니더라
웃으며 즐거우면 되는 것
서로 어울려 사랑하면 되는 것
이만하면 우리들 인생 살만하지 않는가

착한 여자를 만난 인연
엄마 아빠가 되는 감격
천사를 닮은 아이들의 미소
병아리 재롱에다 노래하는 소리, 책 읽는 소리
방마다 붙여있던 상장 표창장 우등상

히포크라테스 선서하던 자랑스런 모습
대구사범 낙방생 아빠의 한을 풀어준 세 선생님의 탄생
순간순간 살아가는 재미가 솔솔 하였으니
이만하면 나도 꽤 많은 재미를 즐기며 살지 않았나

이제는 허무뿐이라는 여든에
살아가는 재미는 없고 외로움뿐이라지만
왜들 아직도 꽤 많은 재미가 남아있다는 생각을 못 할까

영감 할멈 마주보고 웃으면 되고
또 한 해 건강해서 덕담 나누면 되고
느긋하고 나긋하게 자연을 즐기면 되고
세상사 초월한 듯 관조하고 음미하면 되는데
걷다가 책도 읽고 시도 쓰고 낮잠 자고 친구만나면 되겠는데

하루하루 생활이 즐거우면 되는 것
이만하면 재미있는 인생 아닌가
영감 할멈 재미있게 살고 있는 것 아닌가

국수

국수를 국시로 보지 마라
국수는 밀가리가 아니고 밀가루로 만드는 것이니
'국수라도 먹자'란 말 하지마라
국수는 싸구려 식사가 아니다

신성한 노동의 보상
땀 흘리는 사람들의 공양
나라님도 즐거이 국수를 드셨는데
평생 한 번 결혼식 하객에도 국수를 드렸는데…

엄마의 손맛
둥글게 말아 올린 면발
그 위에 양념
그 위에 애호박 고명
그 위에 참기름 두어 방울로 입맛을 돋우던
여름 철 목구멍을 간질이던 그 졸깃한 맛은
허기를 잊게 하는 예술이지 않았나

국수 한 그릇에는
인정도 있고 행복도 있었다
밥 한 그릇 값으로
두 사람이 나누어 먹던 우정
당신은 한 번이라도 국수를 나누어 먹어 본 일이 있는가
오늘은 따뜻한 국수가 먹고 싶다
함께 국수를 나누어 먹던 그 친구가 그립다

어떤 이별

만나서 세 번째 되는 날
'명품'이란 이름의 여친이 말했다

– 아이 피곤해
선생님 좀 쉬어 가시지요

목소리가 윙크하는데
감전된 듯 바라보니
깜박깜박 모텔이란 간판이 손짓하고 있었다

목마른 사람에겐
저기가 사랑의 오아시스라는데
과연
낭만과 위안의 쉼터일까
허무와 외로움의 도피처일까

– 왜 피곤하십니까
그럼 들어가 쉬셔야죠

저기는
잠시 갈증해소가 있을 뿐
오아시스가 아니고 신기루인데
잠시 즐거움이 있을 뿐
구원도 평화도 없는데
나는 집으로 가 책이나 읽어야지

-자 그럼 푹 쉬어 가세요
전 이제 그만…

지금 생각하니
빨간 립스틱 그 얼굴에는
울긋불긋 정열들이 마마처럼 덮고 있었다

순간적(瞬間的)인 것

앗! 하는 순간
모자가 날려간다
그뿐만 아니라
질주하는 차량 타이어에 깔려버렸다

순간적인 폭력
우째 이런 일이…!
낭패스런 순간과의 만남
자연의 횡포에도 예외가 없지만
운명의 궤도도 정해져 있지 않으니
길목마다 끔찍한 참사가 기회를 엿보고 있다

하물며 탈도 많은
여든의 고물 발동기에서랴
이제는 더 이상 믿을 게 없다
건강도 아니고 시간도 아니고
더구나 의사 선생님도 아이들도
도움은 될지 몰라도 믿을 게 아니지 않는가
다만 하나님의 배려와 사랑을 믿을 뿐인데

젊어 많은 죄를 지었으니
함부로 기도할 체면도 없다

어느 순간 뚝 끊어질까
어느 곳에 넘어져 정신을 잃을까
어질어질 현기증이 난다
하루하루, 하루마다 늙는다는 할아버지
밤새 안녕! 이란 인사처럼
예측할 수도 없고 기약도 없는
아 - 여든의 인생이여!

꽃이 좋아

꽃이 좋아
꽃만 보고 살았으면 하는
당신은
나보다 꽃이 더 좋다면서
꽃으로 온통 꾸민 그런 집에서
살았으면 좋겠다는 희망이다

나도 꽃이 좋아
꽃만 보면 꽃을 닮고 싶어
꽃처럼 고운 사람이 되고 싶어
꽃을 키우고 사랑하는 사람으로 살고 싶어
꽃만 보면 카메라에 담곤 하지만
아무래도 꽃보다는 당신이 더 곱다는 생각이다.

당신이 꽃들로 꽃동산을 이루어
새들처럼 노래하며 즐거울 때
나는 꽃보다 더 고운 당신을 가슴에 심어놓고
바라만 보아도 즐겁고 행복하다면
아 조그만 우리들의 집은 벌써 꽃 대궐

그 누구, 그 무엇이 부러울 것인가

당신과 나는
꽃을 보는 것만으로도
벌써 꽃밭에 살고 있는 것이다
꽃처럼 고운 사람으로 살고 있는 것이다

일곱 개의 쌍기역

삶의 근본이라 할까
갖추어야 할 조건이라 할까
일곱 개의 쌍기역을 기억하고 있는데
그걸 하나하나 되뇌어 읽어보면
끼
남달리 뛰어나게
자신만이 가진 재능과 소질
끈
잘 만나야 하는 인연
부모, 선생님, 아내, 친구 같은 사람
꿈
가슴에 품고 키우는
이루고저 하는 포부와 비젼
깡
하늘이 무너져도 변치 않는
두둑하고 슬기로운 배짱과 집념
꾀
어려움을 헤쳐가고 이겨가는
치열하고 반듯한 판단력과 창의력

꼴
몸값과 인격으로
스스로 만들고 꾸며가는 자신의 이미지
꾼
기어이 최고가 되겠다는
전문적이고 직업적인 끈기와 근성

구술도 꿰어야 보물이 된다
참고 견디어야 이룰 수 있으니
갈고 닦아야 우뚝 설 수 있으니
일곱 개의 쌍기역을 똑똑히 기억하고
땀 흘려 노력함이 성공의 첩경(捷徑)이다

진주에 살면서

전화하면 뛰어오는 친구 서너 명
손님을 기다리는 매실주 몇 병
틈만 나면 읽어야 할 책 서너 권
거기다 뒷주머니에 5만 원이 있는데
왜 내가 즐겁지 않겠나

아직 손(孫)여사는 각시처럼 웃고 있고
꿈나무 아이들 노래하며 즐거운데
디지털 비서 컴퓨터도 있고 스마트폰도 있으니
여든이라고 왜 내가 슬프고 외로워 할 것인가

즐거우면 되는데
진주에 살아도 즐거운 게 으뜸인데
잠간 걸으면 남강이고 진양호이고
집 나서면 숙호산(宿虎山)이고 지리산인데
산 좋고 물 맑아 풍경도 고운 곳
왜 내가 즐겁지 않는지
왜 내가 슬프게 늙어야 하는지

진주에 살면서

귀한 벗들

고운님들 어울려

아름다운 곳 진주에 살면서

2

두물머리에서

- 다시 소녀가 되는 방법
- 나는 나대로
- 방 하나
- 유덕골 사과처럼
- 뒤 따라 걷기
- 쓰레기에 대하여
- 두 남자와 한 여자
- 싸움 구경
- 양복 한 벌
- 삼천포(三千浦)
- 주상절리(柱狀節理)
- 여름 보내기
- 발맞추고 행진하기
- 아야 아야 죽겠네
- 비빔밥
- 두물머리에서

다시 소녀가 되는 방법

마음이 늙었다면
열여덟 소녀도 할머니가 된다
일흔 할머니가 꿈을 안고 사니
빙그레 웃는 모습이 소녀 같지 않더냐

화장품만 찍어 바르지 말고
책을 읽고 시를 읽어라
마음이 고와지고 세상이 밝아지고
생각이 고와지면서 너도 꽃처럼 고와지리라

전설처럼 전해지는 고운 님들 이야기
얼굴 고운 기생들은 기껏해야 난봉꾼들 노리개 깜이지만
시가(詩歌)에 뛰어난 예기(藝妓)는 사대부 선비들의 애간
장을 녹였으니
그들의 구애를 즐겼을 황진이 매창이의 이름에다
진주기생 계향이의 글귀가 지금도 향기롭지 않는가

옛 선비들 낙향해서
물 좋은 계곡에 정자 하나 짓고

문우들 불러 모아 시를 읊으며 즐기던 풍류는
맑은 바람 고운 심성으로 늙지 않기 위함이었으니

백발이 두려운 사람아
주름이 무섭다는 여인아
시를 먼저 읽어라
당신도 고운사람, 꽃이 되리라
시는 당신을 소녀로 만들고
당신의 운명까지도 아름답게 하리라

나는 나대로

누가 보거나 말거나
나는 이대로 즐겁고

누가 뭐라 무어라 해도
할멈 함께 있으니 좋고

누가 울거나 말거나
여든에도 외로움을 모르고

누가 먼저 가 슬프지만
나는 매일 팔팔하게 걷고 있으니

나는 나대로
나 좋은 대로

생각하는 대로
하고 싶은 대로

웃고 즐기면서
그렇게 그렇게 살면 되는 거

방 하나

혼자라서 외롭고
함께 있어도 외롭고
말이, 대화가 없으니
거기다 방이 둘이니
안방은 당신 차지
뜨개질만 하고 있고
거실은 내 차지
책만 읽고 있으니
싸늘한 겨울밤도
한 지붕 아래 각각이라

혼자 있어도 외롭고
둘이라도 따로 있으니 외롭고
아하 방이 하나라면
얼굴 보며 함께 웃을까
결론은 방 하나
쪽방으로 이사를 가면 되겠구나

유덕골 사과처럼

사과는 늙지 않는다
익어갈 뿐
혹 떨어져 가드라도
결코 늙지 않는다

뻐꾹 뻐꾹
뻐꾹새 울음도 듣고
함께 익어가는 감도 동무하면서
염천(炎天) 가마더위에 온 몸을 태우면서
오늘도 정성으로 맛을 모우고 향을 모우며
사과는 떨어져 갈지언정
늙어갈 줄을 모른다
익어갈 줄 밖에 모른다

구름도 하얀 청정골
지리산 유덕골 사과는
하루하루 세월도 즐거워
하얀 마음 빨간 열정
향이 되고 빛깔이 되어

오직 하나 탐스런 얼굴로
즐겁게 익는다
달고 맛나게 익는다
결코 늙지 않고 익어갈 뿐이다

님아 !
우리도 사과, 유덕골 사과처럼
고운 얼굴 향그런 맛으로
흰 머리 주름살이 아름다운 사람으로
그렇게 익어 갔음 좋겠네
그러다 뚝 떨어져 갔으면 좋겠네

뒤 따라 걷기

그때가 생각난다
한라산 심설(深雪)산행 때
눈 덮인 산길, 길은 외줄기에 긴 행열
모두들 지쳐 허덕이는데
"여러분 ! 힘드시죠? 쉽게 오르는 방법입니다
신부나 짝지는 뒤에 세우고
모르는 여성 뒤에 서서 오르면 금방 오릅니다
절대 터치는 하지 마세요!"
어느 산악회 가이드의 설명이었다

산과 바다가 조화를 이룬 곳
이곳 한라산에도 음양의 조화도 있나?
이심전심(以心傳心) 마음들이 통해
젊은 여성 뒤에 섰는데
체력도 즐겁게 발기를 하는지
온 몸에 힘이 솟구치면서 발걸음이 가벼워졌으니

진달래밭 대피소, 등산 허용 한계 지점
쉽게 오른 사람들 신기한 듯 주위를 살피며

앞 뒤 사람 즐겁게 인사를 나눈다
내 앞자리의 고운 신부 빨개진 얼굴로 목례한다

"당신 힘들었지?"
걱정스러운 듯 뒤 따른 아내에게 물었다
"당신이 힘차게 걷는데
나도 그냥 발자국 따라 걸었더니
오히려 힘이 나서 쉬웠어요"

무기력한 노년에
묘한 경험, 신비한 조화
나는 요즘 강변을 걷다 지치면
용기를 내어 워킹하는 여성 뒤를 따라 걷는다
금방 뒤 쳐져도 콧노래 부르면서 …

쓰레기에 대하여

저 냉장고 터질라
들어갈 자리도 없는데 쑤셔 넣기만 해서야
아무리 용량이 크다 해도
차면 넘치는 것이니
언젠가는 터지고 말리라

신발 한 켤레 사면
헌 신발은 그 자리에 버리고 오너라
신발장의 신발들
신지도 않는 이멜다*의 3,000켤레가 무슨 소용
꼴불견이고 웃음거리일 뿐이지 않더냐
하나를 사면
하나 둘을 버리는 것이 정답이다

저 배(腹)도 마찬가지
비우지 않고 먹기만 해서야
똥배가 부풀어 걸을 수 없고 살 수도 없다
모든 성인병의 원인
제 명을 재촉하지 말고

배고프지 않을 만큼 먹는 것이 정답이다

먹고 쌓고 모우는 것
모두가 마찬가지, 쓰지 않으면 쓰레기다
열흘이 지나도 먹지 않는 음식물
일 년에도 한 번 걸치지 않는 옷가지들
상하고 오염되고 곰팡이가 피지 않든가
10년에도 한 번 입지 않는
700짜리 밍크코트가 이제는 소용이 없으니
그래도 쓰레기가 아니라 하는가
쓰이지 않으면 모두가 쓰레기다

집을 쓰레기 통으로 만들지 말라
식탐과 과욕을 버려
악취와 부패 속에서 살지 말아야 한다
버리고 비우기
집안의 쓸모없는 물건, 쓰레기만 버려도
공간 한 평이 생기는데
아파트 한 평은 보통 2,000만원이나 한다니…

* 前 필리핀 대통령의 영부인
한때 엄청난 숫자의 구두가 구설수에 오른 적 있다

두 남자와 한 여자

어느 날 새벽 습지원 길 걷다가
두 남자와 한 여자를 만났다
큰 카메라와 세발로 무장했으니
출사(出寫) 나온 진사(眞士)들임에 틀림없는데
웬 전정가위를 들고 설칠까?

살며시 되돌아 가보니
아이 무서워라!
저 사람들 하는 짓 좀 보소!
부드럽게 털이 달린 강아지풀
그 강아지 꼬리를 닮았다는 원추형 꽃차례의 목을
전정가위로 싹둑 잘라
접착제로 동그랗게 붙여놓고
스프레이로 물 뿌려 아침이슬 맺히게 만들고
빨간 자외선 불빛으로 아침 햇살 비추고
엎드리고 드러누워 셔터를 누르고 있지 않는가

꼴불견에 미친 짓
설마 했는데, 거짓이라 했는데
동강의 할미꽃

그 중의 가장 곱고 아름다운 동강의 할미꽃을
목을 잘라 명당자리에 세우고
혼자만 요리 찍고 저리 찍고는 강물에 던져버리더라는
범죄가 있었다는, 학살이 있었다는 기사가 정말이었다니

당신들 이었나?
살인의 현장 피비린내가 난다
범죄자의 험악한 얼굴
길로틴*, 목 자르던 사형집행인의 얼굴도 보인다

무서운 세상
취미라고? 예술이라고?
당찮은 변명!

나는 꽃을 사랑 합니다
꽃을 닮은 아이를 사랑 합니다
나는 아이의 목도, 꽃의 목도 자르지 못 합니다
제자리를 떠난 꽃은 이미 꽃이 아니며
꽃은 피어있는 그 자리가 가장 아름답습니다

*길로틴 : 사형수의 목을 자르던 단두대

싸움 구경

나는 공군 병장 출신
어느 기지에 근무할 때

비번인 어느 날 오후
나무 그늘에서 가장 편한 자세로 쉬고 있는데
미군 두 사람이 다투면서 운동장으로 걸어 나왔다.
한 사람은 백인, 한 사람은 흑인
흑백 갈등이 원인인 듯 욕설도 들렸다
- 덤벼라 이 깜둥아!
- 그래 해보자. 이 흰둥아!
금방 주먹이 나르고 엉켰다 떨어지면서 격투는 격렬해
졌다
한 사람이 코피를 흘리면서 쓰러졌다
한 사람은 발로 짓밟을 듯 한 발을 치켜들었다
그 순간, 바로 그때
5시 하기식 음악이 울려 퍼졌다
Oh, say. can you see
By the dawn's early light
미국 국가가 울려 퍼지고 있었다
놀라운 것은 싸우던 두 사람의 다음 동작

쓰러진 동료를 일으켜 세우고 차렷! 경례!
일어 선 군인도 코피를 흘리면서도 차렷! 경례!
감격적이고 아름다운 정경에
나도 별 수 없이 벌떡 일어나 차려 자세를 취했다

잠시 후 하기식이 끝나고
두 사람은 다시 싸울 자세를 취했다
그러나 무엇이 두 사람을 하나이게 했을까
몇 마디 이야기를 나누고 기분 좋게 웃더니
두 사람은 악수를 나누고 뜨겁게 포옹을 나누었다
그리고는 어깨동무 하고 한 잔 하자는 듯 주보로 들어
갔다

애국심
나라 사랑하는 마음
그 애국심으로 하나가 되어지는 나라
이해하고 용서하고 화합하는 국민들의 나라
하나의 깃발 아래, 하나의 노래로 통일인 나라
나는 그 날이 언제인가 우리에게도 오리라 믿고 있다

양복 한 벌

2.000만 원 짜리 양복이 있더라면서
그걸 한 번 입어보고 죽어야 하지 않겠냐며
버킷 리스트*에 올려놓고 벼르다가
고희(古稀)때 결국 한 벌 차려입고
부드럽고 가볍고 주름지지 않아 그 기분이 최고라며
껄껄거리며 호기 있게 마셔대더니
자랑하고 과시하며 으스대고 했는데
그것이 내가 마지막 본 박회장의 모습

지금은 어디에 있는가
왜 보이지 않을까
살아있기나 한 것일까
풍(風)을 맞았다는 풍문(風聞)이 돌았으니
지금은 바람처럼 흘러간 것은 아닐까
아니면 특실처럼 차려진 별장에서
혼자서 절룩거리고 있는 것은 아닐까

란스미어 220
하늘나라 가는 길목에서도

그것만 입으면 붕 떠서 날라 가는 기분이라니
혹시 그걸 입으면 천국의 문도 프리패스(free pass)일까
수의(壽衣)에는 주머니가 없지만
그 명품은 명품답게 주머니가 여럿이니
하느님도 특별 예우를 해주시는 것 아닐까

그렇거나 저렇거나
아무 상관없는 일인데
너도 그러하고 나도 아무 손해 없는데
별별 걱정들이고 엉뚱한 관심들이다
만나는 사람마다 수군거리는 것은
칸스미어 220으로 만든 그 양복
그 양복의 운명이 어찌 되었을까 하는 것이니
지금도 그걸 입고 있을까
옷장에 걸어두고 쓸모없는 물건이 되었을까
아니면 그걸 입고 하늘나라 간 것은 아닐까

*버킷리스트(Bucket list): 죽기 전에 꼭 해보고 싶은 일들의 목록

삼천포(三千浦)

짭짤하거나
비린내 나거나
시원한 바람이 불거나
삼천포에 가면
바다가 주인이다

어서 오라는 인사는 없어도
바다는 출렁이고
물결은 아는 체 손을 흔들며
갯내음 물신 소매를 잡는다

연육교 뻥하니 남해로 뚫렸지만
회 한 접시는 언제나 할매 횟집
장모 같아서 좋더라
'소주 한 잔 하고 가소'
사투리가 닮아 정답더라

삼천포에만 가면
언제나 출출 해지니

한 상 가득 차려진 바다를 앞에 놓고
소주 한 잔의 유혹 뿌리칠 재간이 없다

그래 마셔야지
혼자서는 혼자라도
둘이서는 둘이라도
주머니 텅텅 터는 일 있어도
소주 한 잔에 얼큰해져야
얼큰해져서 노산공원에 올라
박재삼의 시 한 편을 읽거나
실안낙조(實安落照)
바다가 삼키는 불덩이를 보면서
우리 인생도 저와 같음이라 아픔을 느껴보아야
우리는 비로소 삼천포에 다녀온 것이 된다
잘 가다 삼천포로 빠진 것이 아니라
진짜 삼천포가 좋아 삼천포에 간 것이 된다

주상절리(柱狀節理)*

누웠거나
기울었거나
뭉쳐있거나
하늘 보고 솟았거나
똑 같이 닮은 꼴
5각형 아니면 6각형
6.000도 마그마의 산물
끼리끼리 모여 단결된 모습
족보 쓰는 가문의 귀족임을 자랑한다

파도는 울부짖는 몸부림
넘실대거나
부딪히거나
휘몰아치면서
끝없는 함성으로 철석이고

파도에 안겨 넘실넘실
물결을 타고 덩실덩실
어허야 두둥실 두둥실

사랑타령이 절정이고
싱그러운 절경이지만

춤은 파도에 맡기고
흔들림 없는 저 매무새
까딱도 하지 않는 고고한 기풍이여!

*주상절리: 용암이 급격하게 식어서 굳을 때 육각 기둥모양으로 굳어져 생긴 지형이다
제주와 경주의 바닷가 풍경이 유명하다

여름 보내기

새벽 5시
남강습지원 그 길을 걷거나
어느 날은
진양호 숲길을 한 바퀴 돌거나
그것도 진저리나면
진주성 세 바퀴 촉석루 돌아 걷고 나서

집에 돌아와서
손 여사 전해주는 과일즙 한 잔 마시다가
샤워하고 기분 좋게
밥 한 술 뜨고 커피를 마시다가
비스듬히 앉아 책이나 신문을 읽다가
시를 한 줄 쓰거나 시집을 읽다가
누구를 불러 탕이나 장어구이를 먹거나
시원한 냉면이나 국수를 먹다가
더위가 지겨우면 또 샤워를 하다가
선풍기 동무하고 낮잠을 즐기다가
느긋이 월드컵 중계나 야구중계를 보다가
진수대교로 얼음과자를 먹으러 갔다가

세 사람 성원이 되면 동전 먹기 고스톱을 치다가
가물가물 잠이 와 끄떡거리다
잠에 떨어져 세상모르게 꿈길 걷다가
벌떡 일어나 보니 다시 새벽 5시

불볕의 폭군
8월은 밀려가고
가을
고운 9월이 왔더라

발맞추고 행진하기

시집 장가를 가본 사람이라면
결혼식 마지막 순서인 '행진'을 해봤을 것이다
축복과 격려 속에
새 결심 새로운 맹세로
발맞추고 세파 속으로 당당하게 걸어가던
그 감격을 지금도 잊지 않았을 것이다

발맞추고 함께 걷기
같은 호흡, 같은 보조, 같은 흐름으로
서로 사랑하고 이해하면서
그림자처럼 두 사람이 한 몸 되어
참고 견디며 정성을 모아야 행복한 삶을 살터인데
함께하는 마음, 협동하는 그 노력이
행복으로 가는 첫걸음임을 알겠는데
혹시 발걸음이 지금은 제 각각으로 다투고나 있지 않는가

바라보는 눈길이 달라도 무관심이고
떨어져 각각이면 이는 이별이다

그 속도가 달라도 불화이며
걷는 방향이 다르면 이는 파경이다
이유 없이 멈춰서는 사고는 패배를 말한다

첫 행진 그때처럼
믿고 사랑하는 마음으로
그 언약 그 맹세 그대로
꿈과 목표를 향해
뚜벅뚜벅 당당하게 걸어라
발맞추고 함께 가는 것이
아름다운 사랑, 행복한 가정을 이루는 길임을 명심하라
그 결심, 사랑하는 마음으로
함께 걸어라!
사랑하는 사람들아

아야 아야 죽겠네

허리가 아파
꼬부랑 할머니 허리가 아파
아야 아야
앉고 설 때 마다
아야 아이고 죽겠네
방문열고 나오고 들어갈 때마다
아야 아야 나는 와 죽지도 안노
신음인지 비명인지 곡조도 슬프게 살고 있는데

어느 날 코배기도 보이지 않던
서울의 딸이 아이를 맡기려 찾아왔다
"엄마, 열흘만 좀 바 도!"
"머라카노 내가 허리가 아파서 …"
"알라가 순해서 울 줄도 모른다
우유만 타주면 된다 아이가 …"
집어 던지듯 아이를 맡기고 바람처럼 가버렸다

아야 아야
할머니는 허리가 아파
우유를 먹일 때도

아야 아야 나 죽겠네
울면서 보챌 때도
아야 아야 나는 와 죽지도 안노
알라 똥 싼 기저귀 갈아 채울 때도
허리가 아파 팔다리가 아파 죽는 타령만 했다
딸년 원망도 모르고 온몸이 쑤셔 비명 같은 노래만 불렀다

그런 긴 시간이 240번이나 흘러
아이를 찾아 간 딸은 깜짝 놀랐다
이제 겨우 돌 지나 천사 같던 아이가
귀엽게 배워가던 '어마'라는 말도 잊어버리고
아야 아야
아야 나 주겠네
아야 아야 나는 와 주지도 안노
아이가 표정도 슬프게 죽음을 노래하고 있었으니

애고머니! 이를 우짜면 좋노?
애고 하느님! 내가 잘못 했심더!
우리 알라 좀 살려 주이소!

비빔밥

숟가락 하나 들고 오이소
오늘 점심은
맛있게 비빔밥을 준비 했심더

인정이란 이름으로 갖은 나물 다 넣고
우정이란 손으로 온갖 양념 다 넣고
사랑하는 마음으로 깨 참기름 듬뿍 넣어
비비고 부비고
맛이 되고 영양이 되도록
모든 정성을 다 했심더

당신도 먹고 나도 먹고
누구라도 함께 나눌 수 있도록
큰 양푼이 가득 더운밥도 지었심더

나를 울린 사람도
나를 욕하는 사람도
다시 친구가 될 수 있으면 좋겠다는 생각
오늘은 비빔밥입니더

누구라도 와서 드시이소
많이 들고 가시이소

두물머리에서

외로움과 외로움이 만나
사랑이 되듯
그리움과 그리움이 만나
열정이 되듯
남한강 북한강이 만나
하나의 큰 강, 한강이 되듯
손잡으면 화해
함께 가면 친구인데
우리는 왜 손잡지 못 하고 삿대질인가
우리는 왜 욕하며 총만 겨누고 있는가

남한강 굽이굽이 힘찬 물길이
북한강 줄기줄기 흙탕물을 만나
처녀 총각 처음 만나 손잡는 감격처럼
감고 담고 안기어 스르르 흐름이 되어
뜨겁게뜨겁게 한 몸이 될 때
고운 정(情)이 잉태되어 꿈도 생기고 희망도 생기고
그렇게 그렇게 평화, 새로운 역사가 되는데

우리가 서로 만나
연인이 된다면
남과 북이 서로 만나
하나가 된다면
얼마나 좋을까
서로가 좋지 않을까
우리는 언제나 웃는 얼굴 하나가 될까

3

제일 좋은 구두를 신기로 했다

점심 한 번

'점심 한 번 합시다'
이 보다 더 반가운 말이 없다
정식을 먹거나, 고기를 굽거나
만남은 즐겁고 밥맛은 달다

'점심에 만납시다'
그보다 더 행복한 순간이 없다
김 교장을 만나거나, 박 여사를 부르거나
누구라도 접대는 기쁜 일이다

밥을 같이 먹는다는 것은
함께 어울려 살자는 뜻
함께 나누며 살자는 의미이기에
점심 한 그릇 같이하고 싶은 사람
내가 먼저 콜(Call)해야 한다

우정도 솟고
친구도 즐겁고
결국 인생은

점심 한 그릇 나누는 것에서
연(然)이 생기고 정(情)이 시작되고
친구도 생기고 연인도 생기는 것이다

혼자 밥 먹고
혼자 배부른 사람은
항상 혼자일 뿐
스스로 혼자가 되고 외톨이가 되고 만다

점심 같이 합시다
그곳으로 나오세요!
오늘은 또 누구에게 전화를 할까?

어렵다, 어려워

명시(名詩)는 어렵지 않다
쉽고 간결해도 감동이 있고
단순해도 감칠맛이 있어 멋도 있고 맛도 있다
압축하고 함축해서 할 말 다하고 있으니 말이다

문자로 그리는 그림
짧게 줄인 말의 조각품
해설, 묘사만 있어선 안 된다
대상에 끌려가서도 안 되고
내용을 형상화하되 초점을 맞추어야 하고
상징과 비유로 이미지를 그리되
서정으로 흐르면서
사람의 냄새가 향기처럼 풍겨야 하고
상투적인 표현에서 벗어나야 한다
영혼을 쥐어짜는 고통으로
밤새우는 열정과 몰입으로 쓰는 것이 시다

맑은 눈과 고운 심성의 소유자
시인은 모름지기

고독 속에서 사색, 성찰해야 하고
참되고 아름다운 것 찾아 나서야 하니
더구나 칼로 내려쳐도 그 뜻을 거스르지 않아야 한다니
시 한편 쓰기가 어렵지 않는가

거기다 덧붙여
시인은 소년처럼 천진하고
스스로 낮추어 겸손해야 하고
바보처럼 가난해서 청빈(淸貧)해야 한다니

애고!
어렵다, 어려워!

꽃은 키 높이로 핀다

꽃들은
키 높이로 핀다

구름 흐르는 높은 산길이나
남해의 작은 섬 파도소리 바닷길에서
어렵게 살아가는 꽃들은
거센 바람을 피해
모진 눈보라를 피해
낮은 키로 엎드려
알맞은 높이로 피고 진다

산행이 즐겁다고
바닷길이 흥겹다고
행여 함부로 짓밟지 마라
무서운 폭력에 밟혀
고운 얼굴이 시들기도 한다

순박한 생명들
고운 얼굴들 지켜주는 것이

우리들 몫이거니
아무리 키 낮은 꽃이라도
꽃은 아름다운 우주의 얼굴
우리가 지켜주어야 할 사람
사랑하는 임과 무엇이 다르겠는가

딱 좋은 날

인생 여든 줄은
먼 길 떠나기에 딱 좋은 나이
살만큼 살았으니
평균수명 78을 몇이나 더 살았으니
이제는 떠나도 손해가 아닌 나이

손뼉 치며 노래하다
'사랑하기 딱 좋은 나이'를 목청껏 부르다가
망측하게도 저승가기 좋은 나이가 떠오를 때가 있다
섬뜩하게도
죽기에 딱 좋은 나이도 있을까

90이고 100이고 건강하면 되는데
인생이 즐겁고 사랑하면 되는데
무슨 쓸데없는 걱정인가 하면서도
그래도 딱 좋은 날이 있다면
기운이 다하여 쓰러진 날
나에게도 한 번은 있을 것이니
일주일쯤만 가족들 만나 안녕하고

친구들 만나 먼저 간다 웃고 이야기 하다
새 울고 꽃피는 화창한 봄날이나
단풍이 고와 이별도 고운 하늘 높은 가을날에
그렇게 그렇게 웃으며 갔으면, 노래하다 갔으면
그 날이 딱 좋은 날
내가 떠나서 딱 좋은 날이었으면 하는 생각인데

쓸데없는 걱정이라지만
그래도 그래도 나는 그날이 그랬으면 좋겠다

에나*

에나
될 대로 되느니
꿈꾼 대로 되느니
씨앗 뿌려 가꾼 대로 되느니
준비하고 노력한대로 되느니
모두가 자업자득(自業自得)
내 탓이고 내가 만든 것이다

에나
보고 배운대로 되는 것이니
듣고 익힌대로 되는 것이니
말하고 고집한대로 되는 것이니
생각하고 행동하고 실천한대로 되는 것이니
누구도 탓하지 말고 원망치 말라

에나
제대로 되야할 탠데
모두가 잘 되야할 탠데
세상사 아무도 모른다

웃을지 울지, 흐릴지 맑을지
우리들 내일이 어떠할지

누가 뭐라뭐라 해도
에나 중요한 것은
곱고 착한 마음이다
흔들림 없는 양심
에나 서로 사랑하는 마음이다

* "정말로, ~이다" "참말로, ~이다"라는 뜻으로
경남 진주지방에서 쓰고 있는 방언.

첫 시집 발간

부끄럽고
쑥스러운 걸 어찌 합니까
쓸수록 어렵고
어렵기 때문에 밤을 밝힌다지만
그래도 그게 좋다는
바보스런 치기(稚氣)를 어찌해야 합니까

홀딱 벗어버린 기분입니다
숨기고 싶은 허약한 몸매를
통달에 이르지 못한 얕은 생각들을
아닌 척 미화하고 살아 온 슬픈 추억들을
제 손으로 다 들춰 보여드리고
앞으로도 더 보여 드리려 하고 있으니…

행여
자랑으로 흐르지 않고
겸손해야 한다고 다짐하지만
바보스런 경지에는 언제나 닿을 수 있을런지

부끄럽고 쑥스럽지만
처음 엮은 시집 한 권
조금은 수고했다는 생각입니다

책 멀미

나의 첫 시집
“부끄럽지만 제가 쓴 책입니다”
고개를 굽실거리며 한 권씩 나누어 드렸다

문자로, 전화로, 메일로, 온라인 통장으로
여든 나이에 그 열정, 그 몰입이 대단하다며
인사와 함께 책값을 보내주신 분들도 있었다

그런대
헛인사라도 ‘고맙다, 잘 봤다’면 되는데
읽었는지 쓰레기통에 버렸는지
꿀 먹은 벙어리가 되어 인사 한 마디 없는 사람들
좋다 나쁘다 무슨 반응이 없는 사람들
소위 말해서 책 멀미 환자같은 사람들이 아닐까
책만 펴면 골치가 아프다는 사람들 말이다

“선생님, 시집 잘 읽었어예
너무 좋았어예“
반갑게 인사하는 박여사

소녀 같은 맑은 얼굴이 남다르다 했는데
그 품성과 인격이 돋보여 향기롭다 했더니

아하
당신은 시를 읽었구나
시를 읽으면 고와진다는데
당신은 문학소녀
시를 읽어 늙지 않았음이야

시인(詩人)

어딘가 다르다
무언가 다르다

걸음이 반듯하고
말씀도 올바르고
얼굴 표정 그 미소가 정답고
하다못해 기침 한 번도 묵직하다

눈빛은 무얼 찾아 반짝이고
꼭 다문 입은 무얼 일갈(一喝)하려는지
천근 무게로 듬직하고
무언가 아름다운 이상을 좇아
학문의 자유를 즐기는 듯
인격과 품격이 남 다르게 돋보인다
그래서인가
잘 익은 사과처럼 신선한 향기도 풍긴다

나는 어떠한가
시인 앞에 서면

이것저것 하나도 닮지 않는 나는
나이만 늙은 노인이 되어
언제나 흉내 내고 닮아보려 하지만
오늘도 부끄러운 모습, 미천하다는 생각에
얼굴이 붉어지고 머리가 숙여진다

비오는 날도 있고

비오는 날도 있고
눈 오는 날도 있는데
이 땅에 발을 딛고 사는 사람아
행여 이불 감고 누워 궂은 날씨 탓하며
허송세월일랑 하지 마라

언제나 우뚝한 저 산
폭풍우가 할퀸다고
머리 숙여 가슴에 숨든가
눈보라에 온 몸이 언다 해도
어느 숲 어느 동굴에 몸을 숨겨
봄을 기다리든가

산은 언제나 그 자리 크고 당당하게
그 모습 그대로 높고 늠름하게
뜨거운 체온 하나로
언제나 푸르고 우뚝하지 않더냐

눈보라 각오하고

히말라야로 가는 사람아
폭풍우 활개 치는 바다
태평양으로 가는 사람아
눈보라 폭풍우는 잠시의 시련이고 도전일 뿐
이를 악물고 극복해야 승리자가 되는 것이니

순수와 이상을 찾아가는 길에
너는 즐겁게 그 일행이 되어라
폭풍우 속에 오른 정상
그 감격의 주인공이 되어라
비오는 날
눈오는 날이 있어도

장마

남강습지원
돌 징검다리는 물에 잠겼다

지리산 골짜기에 쏟아진 국지성 호우에
홍수경보가 내렸다는데
무엇에 화가 났을까
남강은 사나운 표정에 물거품도 품었다

하늘은 먹구름 천지
비는 쏟아지다 그쳤다
눈웃음 짓는 바람난 계집처럼
우산을 펴면 비 그치고
우산을 접으면 찔끔찔끔 내린다

이런 날
비 내려 좋은 날
바람도 불어 더욱 좋은 날
책이나 읽을까
시를 만나 그 맛을 즐겨볼까

아니아니 매일 하는 공부 말고
오늘은 누굴 불러 술타령이나 할까
어느 임을 불러 춘향가나 들을까
어제는 비구름 오늘도 먹구름
가슴도 먹먹한 지루한 장마

비오는 날에

오늘 같은 날
비 좀 오면 어때서
비 좀 맞으면 어때서

국향에 취하고
소주 반병에 얼큰하니
단풍이 저리 고와
임들 얼굴도 붉으래 고운데
기다림을 달래듯
그리움을 속삭이듯
낙엽도 하나 둘 떨어지는데
귓전에 밀어처럼 비가 내려
가슴 아픈 사연에
이루지 못한 아픔에
눈물이야 솟거나 말거나

그리운 사람
보고 싶은 사람
비오는 날에

비 좀 맞아도 좋은 날에
하나 둘 낙엽 지는 고운 날에

나의 외로움 너의 외로움이

나의 외로움이 너의 외로움을 만나
그대로 외로움이어서야 되겠느냐

달 밝은 밤 내가 너를 부르거든
눈물 같은 외로움
암흑 같은 한숨
가슴에 멍으로 남은 후회도
외기러기 울음 닮은 탄식도
모두모두 싸들고
우리들의 랑데뷰*
달빛 흐르는 그 공원 벤치로 오너라

우리가
해 기우는 일혼이라고
어둠 내리는 여든이라고
외로움이 외로움이어서야 되겠느냐
스스로 외로움에 목을 메고
죽은 듯이 살아서야 되겠느냐

오라는 곳 없더라
만나자는 친구도 없더라만
친구야!
너와 내가 만나
외로움을 잊고 즐거울 수 있다면
힘이 되고 용기가 되어 서로 위안이 된다면
외로움도 나쁘지만은 않더라
외로움도 슬프지만은 않는거 아니냐

나의 외로움이 너의 외로움을 만나
두 가슴 열어주는 즐거움이 된다면
느긋한 기다림도 기쁨이 되고 즐거움이 되어
우리 서로를 그리워하며 사랑하는
그런 고운 마음이 되어야 하지 않겠느냐

*랑데뷰 (rendezvous) : 약속에 의해 만나는 장소

고도를 기다리며*

나는 기다린다
고고와 디디*처럼
기다리고 기다리고 기다려야 한다기에

오늘도 기다리고 내일도 기다리며 아침부터 기다리며 뙤약볕에서도 기다리며 오지 않아도 기다리고 만나지 못해도 기다리며 그리워하며 기다리며 소망하는 마음으로 기다리며 간절히 기도하는 마음으로 기다리며 구원을 갈망하며 기다리며 이상향을 그리듯 기다리며 바보가 되어 기다리며 서성거리며 기다리고 운명인가 하며 기다리며 평화인가 하며 기다리며 신(神)인가 하며 기다리며 혹시 오려나하며 기다리고 누구인지 모르지만 기다리며 무엇인지 모르지만 기다리며 영영 오지 않을지도 모르지만 기다리며 이제는 죽기 전에 꼭 만나야한다는 생각으로 기다리며 당신뿐이라는 생각으로 기다리며 이제는 찾아 나서야지 하면서 기다리며 절대 원망해선 안 된다는 생각으로 기다리며 언젠가는 꼭 한 번 나타나 주겠지 하는 희망으로 기다리며 삶은 곧 기다림이라고 하기에 기다리며 포기하면 안된다기에 기다리며 절망을 이겨야한다기에 기다리며 희망을 안고 살아야하다기에 기다리며 살아야 할 이유라기에 기다리며 누군가 애타게 기다려본 사람은 안다기에 기다리며 신의 응답을 들어야 한다기에 기다리며 누군가 구원해 주겠지 하는 마음으로 기다리며 이제는 별 수 없이 기다리지 않고는 어쩔 수 없다기에 기다리며 쏙고 쏙고 또 쏙아도 기다려야 한다기에 기다리며 아침부터 밤늦게 까지 기다리다 또 밤이 지나고 또 해가 떠도 기다리며

긴긴 하루를
어제도 오늘도
어쩌면 속은 줄 알면서도
여든 번의 365일을 기다리고 기다리며 살고 있는 인생

*사뮤엘 베켓트의 노벨문학상 수상작 「고도(Godot)를 기다리며」를 읽고…
*고고와 디디 : 연극 속의 두 주인공

성산일출봉(城山日出峰)

바다를 타고 걸어서 하늘에 올랐다
현무암 돌담길
유채꽃 향기 속에 동백꽃이 웃음을 흘리고 있었다

태초의 신비가 있다기에
싱그러운 푸름이 있다기에
쉬엄쉬엄 하늘계단 올라
꼭짓점에 섰다

푸른 바다 위
희망을 말하는 봉우리
신비 아닌 것 하나 없고
푸르럼 아닌 것 조금도 없고
오직 기쁨과 찬탄이 있는 풍광
우리가 마지막 꿈꾸는 낙원 같은 곳
우리가 천국에 닿는 일이 이 같지 않을까

질곡(桎梏)이던 우리 인생
힘겨운 오름도 즐거움이니

그 정점에 닿음이 얼마나 큰 기쁨인가
미지의 세상을 가면서 가슴에 안은 희망이
이렇게 즐거울 수만 있다면 얼마나 좋을까

아 - 좋다!
정말 아름답다!
아내가 손을 잡기에
나도 아내를 안았는데
너영나영 우리 함께하는 삶
순간 세상이 천국처럼 밝아졌다

제일 좋은 구두를 신기로 했다

이제 부터는
제일 좋은 구두를 신기로 했다
제일 좋은 양복을 입기로 했다

절약과 검소가 더 이상 미덕도 아닌 세상에
시들고 비뚤어진 늙은이 주제에
차려 입고 광낸다고 무슨 빛이 나겠나만
이제는 신발장에, 자개농 옷장에 가득
모셔 놓고 걸어 놓고 아낄 것이 아니라
구멍 나고 물먹은 구두는 내다버리고
구질구질 땀내 나는 옷가지도 벗어버리고
제일 좋은 구두를 신기로 했다
제일 좋은 옷을 입기로 했다

몇 달이 남았을까
몇 년이 남았을까
나 떠나고 나면 소용없는 것들
나의 생명, 나의 운명과 같이 해서
태우거나 난민촌에 주어야 할 것들

아이들이 정리하기에도 골치 아플텐데
왜 아껴야만 하는지
왜 보고만 있어야 하는지

여든에는
제일 좋은 구두를 신고
제일 좋은 옷을 입고
먹어 보고 싶은 음식을 먹는 나이
이제부터는
세상에 깨끗한 모습을 보이면서
제일 하고 싶고 제일 재미있는 일에다
후회스럽지 않게 신나게 시를 쓰고 읽기로 했다
좋은 친구를 만나고 읽고 싶은 책을 사기로 했다

조용한 음악을 듣다가
재미있는 영화를 보다가
고운 풍경 속을 걸어보고
가보고 싶던 곳을 찾아가고
가물가물 잊지 못하는 친구를 찾아보고

더러는 동전 잃어주는 재미로
하하하 웃음 썩어 고스톱을 치다가
때로는 할멈의 운전솜씨 드라이브도 즐기면서
고맙다, 사랑한다 입에 발린 헛 인사라도 하면서
제일 좋은 구두를 신고
제일 좋은 옷을 입고 있다면
신나고 멋지지 않을까
그렇게 살아야 하는 것 아닐까
신겨주고 입혀주었던 그 인연
나의 모습이었고 품위였는데
그 봉사와 감사를 잊어서야 되겠는가

예순도 아니고 일흔도 아니고
여든이 되어서야 때 늦은 결심으로
오늘부터 나는
엄마 아빠 만나러 가는 길에
하느님이 오라 하시는 나라로 가는 길에
제일 좋은 구두를 신기로 했다
제일 좋은 옷을 입기로 했다

4

여든의 생일

- 이제 여든
- 우리 노인들
- 치매(癡呆)
- 늙은 나그네
- 그래도 즐거운 것은
- 아직 못다 한 말
- 무릎베개
- 내 나이가 어때서
- 골목길
- 나쁜 놈들
- 남해의 섬들
- 여든 쯤 되고 보니
- 물구나무 서기
- 너더댓 시간
- 노년의 특급열차
- 여든의 생일

이제 여든

이제 여든
이제는 좀 늙었으니
이제는 할 일도 없으니
이제는 갈 곳, 오라는 곳 없으니
이제는 만날 사람, 만나자는 사람 없으니
이제는 지팡이에 다리 하나 절어도 흉보지 않으니

이제부터는 나 자신만을 완성하면서 살면 되겠는데
더러는 시를 읽다 꾸벅꾸벅 졸기도 하다가
남강습지원 그 길을 뛰거나 걷다가
꽃도 보고 눈썹달도 보다가
이래도 좋고 저래도 좋은
나는 이제 여든

우리 노인들

우글쭈글 감나무는
감나무끼리 닮고
우리 같은 노인들은
노인들 끼리 닮았으니

잘 났거나 못 났거나
가졌거나 못 가졌거나
늙으니 모두 똑 같이
노인들끼리 닮았으니

대머리에 왕주름
시들었거나 찌그러졌거나
늙은 호박은 호박끼리
같은 얼굴로 닮아서 좋다

치매(癡呆)

이름을 잊습니다
얼굴도 몰라봅니다
집도 전화번호도 모르게 됩니다

아내를 보고 "누고? 하더니
"도둑이야!" 고함을 지릅니다
시퍼런 칼을 들고 "이기 뭐꼬? 하더니
바지 내리는 걸 몰라 똥칠을 합니다

참고 견디다
세월이 가면
아들 딸이 버립니다
사회도 버리고 나라도 어쩔 수 없어
마지막엔 고속도로 휴게소에 미아(迷兒)로 버려집니다

노년 최악의 비극
그 슬픔 그 아픔 비켜가야 하는데
버려지기 싫은 사람아
나는 아니라 자만치 말고

버리려 궁리하는 아들 딸들아
늙은 후 당신의 모습도 그러려니 하며
지금부터 바르게 살아야 할 생활의 습관을 익혀라

하루 몇 번이라도 크게 웃어라
하루에 열 사람의 친구를 만나라
틈틈이 백(百)자의 글을 쓰고
매일매일 천(千)자의 글을 읽어라
그리고 날이면 날마다 만(萬)보를 걸어라

늙은 나그네

벌써
여든

지팡이
하나 집고

휘청거리며
기우뚱거리며

걷다가
쉬고

쉬다가
걷고

무리라 하지만
쉬라고 하지만

걷다가

또 쉬고

쉬다가
또 걷고

나는
이제 여든

외로운
나그네

그래도 즐거운 것은

일흔 즈음만 되어도
더러는 어느 방에 엎어져 자는지 아무도 관심 없고
또 더러는 아침에 일어나니 또 일어났냐고
다짜고짜 마구 패더라는 고약한 할매 소문도 들리고
"아버지 제주도 가입시더" 하거든
"절대 따라나서지 마라, 고려장(高麗葬) 당 한다" 하는
무서운 소문이 들리는 세상이라
여든은 살아도 산목숨이 아닌 모양이다

일흔이 아닌 여든에도
건강하기만 하면 되려니 했는데
욕심 없이 착하기만 하면 되려니 했는데
언제부터인가 '어르신' 하고 부르더니
슬그머니 뒷자리에 밀려난 신세가 되어버렸다

일과 의무가 없으니
갈 곳도 없고 만나야 할 사람도 없고
주는 밥이나 축내며 할머니 심사만 건드리지 않으면
되는데

여유롭고 한가하고 세상이 심심하니
이래서야 이걸 산다고 할 수 있나

노년에는
좋아하고, 하고 싶은 일을 찾아라 했으니
걷기와 책읽기, 그리고 놀러 다니기
또 무엇이더라?
참, 詩공부
시만 만나면 하루해가 짧은데
즐거움도 있고 보람도 있는데

인생 여든
맑은 정신으로 즐거우면 되는 것 아닌가
곧은 육신과 맑은 영혼
동구 밖 느티나무처럼 푸르고 창창하면 되는 것 아닌가

아직 못다 한 말

못한 말
아직 못다 한 말이 있는데
생각해 보니
'사랑한다'는 말을 못 했구나

햇수로 50년이나
사랑하며 살았으면서
사랑한다 안 했으면
무슨 폭군, 정복자처럼
다스리며 군림(君臨)하지 않았을까
무슨 노리개처럼
손때 까맣게 묻히면서
단물 빨며 혼자 즐겁다며 살지 않았을까

이제 여든이 되어서야
후회스럽지 않게
늦어서 부끄럽고 쑥스럽지만
더 이상 머뭇거리지 말고
감사하는 눈빛으로 조용히 말해주어야겠네

고맙다는 말도 해야지만
미안하다는 말도 해야 하지만
'사랑한다'는 말을 매일 해야겠네

여보, 당신!
당신을 사랑합니다!

무릎베개

낮잠
베개를 베거나
목침을 베고 눕거나
낮잠은 시원한 휴식인데
뜨개질하는 아내의 무르팍
그 무릎을 베고 한 숨 자 봤으면 하는 욕심에
딱 한 번이라는 조건으로 애원하듯
조르고 설득해서 포근한 무릎 위에 머리를 눕혔다

숨소리가 들리는 거리
두 눈빛이 짱하고 마주치는 자리
보름달 같은 얼굴이 배시시 웃고 있고
깊은 계곡의 물소리 바람 소리에
부근 숲에서는 아카시아 향기가 풍기고
내 손이 매일 만져 즐겁던
제법 고운 두 봉오리도 눈앞에 있고
아내의 흥얼거리는 사랑의 노래도 들리니
세상에 이런 안락이 어디 있나
이곳이 천국이 아닌지

나는 그만 황홀해져서 두 눈을 감았다

팔베개를 노래한 시인은 있었지만
아내의 무릎베개를 노래한 것은 내가 처음이니
이런 즐거움, 이런 행복을 아무도 즐겨보지 못했음 아닐까
언제 한 번 곤히 잠들려는 아내를 무릎베개에 눕히고
사랑의 노래를 자장가로 부르면서
새근새근 곤히 잠든 그 숨소리를 듣고 싶다
꿈꾸며 미소 짓는 반달 눈썹을 내려 보며
가슴으로 살며시 안아보고 싶다

나도
어느 지루하고 장마에 축축한 날
또 한 번 더
아내의 무릎베개를 베고 잠들고 싶다

내 나이가 어때서*

가수 오승근은
"내 나이가 어때서"에서 용기와 열정만 있다면
지금 이 순간, 이 자리, 이 시간이
'사랑하기 딱 좋은 나이'라고 노래하고 있다

나이 같은 것
처지와 조건 같은 것 다 무시하고
얼마든지 사랑을 구가(謳歌)할 수 있다고
후회 없는 사랑을 외치고 있는 것이다

사랑은 젊은이들만의 전유물이 아니다
어느 새 흘러버린 청춘이라고
사랑은 가고 추억만 남았다고 넋두리 마라
나이는 숫자의 누적일 뿐
지금이 딱 좋은 나이
여든 청춘도 있는데 말이다

조금도 주눅 들지 말고
고운 님 만나 사랑하라

그리운 사람 그리워하며 사랑하고 즐거워하라
사랑하는 사람들 늙지도 않고 절망을 모른다
사랑만이 영원하고 인생을 향기롭게 한다

사랑은 삶의 의미
우리가 살아가는 이유
뜨겁게 사랑하며 살면 된다
더 늙으면 추(醜)해질터인데
지금, 오늘, 이 시간
사랑하기 딱 좋은 나이에
어느 고운 님을 만나서 사랑하며 살아라

* 오승근의 노래

골목길

그런 사람 있더라
항상 얼굴을 숨긴 듯
머리를 푹 숙이고
숨듯이 골목길로만 다니는 사람
부끄럽고 죄스런 일 있었는가
나에게나 이웃에게 무슨 잘못을 저질렀을까

어디서 본 얼굴인데
인사도 없이 애써 외면하고 얼굴을 숨기는 모습
저 넓은 하늘을 손바닥으로 가리려는 사람
무슨 죽을죄를 지었을까

아하, 그 사람 생각난다
그때 그곳, 그 자리에 있던 사람
빙글 의자를 빙빙 돌리면서 돈 봉투 챙기던 사람
얼굴은 철판을 깔아 뻔뻔하더니
혹시 후회하고 있는 것일까
지금은 무얼 하며 살아가고 있을까

오래 만에 만났으면
악수하고 안부 묻고
소주 한 잔, 밥 한 번 같이 먹었으면 좋을텐데
무엇이 부끄러운지 얼굴을 가리고 도망가는 사람
하늘이 무서운 것일까
큰 길로 다니기가 두려운 것일까

죄 많은 사람이
오늘도 부끄럽게 숨어사는
끝없이 이어진 좁은 골목. 골목길

나쁜 놈들

아직도 못 잊고
생각나는 사람들이 있다

욕하는 방법을 가르쳐준 친구
도둑질의 이득을 즐기다 수갑 찬 점원
제비를 닮아 여자 꼬시는 눈웃음을 가르쳐준 기사도 있었고
도망가는 기회를 연구해서 밤사이 사라져간 사장도 있었다

한 대 갈겨주고 싶은 놈들
개새끼라고 욕이라도 해주고 싶은 놈들
'님'이라지만 '놈'이라 불러 주고 싶은 놈들
결코 존경할 수 없는 놈들, 놈들, 놈들…

지금은 어디서 무얼 하고 있을까
잘 된 줄 알았는데
부자가 되고 성공한 줄 알았는데…
혹시 괴물이나 두목이 되었을 태니

다시 만나기 두렵다 했는데…
고맙고 엄청 감사한 것은
하느님이 먼저 알고 심판해 주셨으니
모두 내 앞에는 아무도 없고
모두 하늘나라로 가 버렸으니…
나쁜 놈들!
제가 먼저 알고 저 세상으로 도망갔구나

남해의 섬들

잠겼거나
떠 있거나
버티고 서 있거나
섬은 바다의 꽃이다

크거나 작거나
파도타고 두둥실
그리움 같은 섬, 섬, 섬
세계적으로 이름난 리아스식 해안
남해의 꽃밭에는 꽃을 닮은 섬들도 많다
신안군에만도 천사(1004)개의 섬이 있다하니
섬은 남해의 천사(天使)같은 존재이다

가거도 관매도 거문도 거제도 금오도 나로도 남해도 노화도 늑도 돌산도 두미도 마라도 매물도 백도 백야도 보길도 비금도 비진도 사랑도 소안도 송이도 수유도 연대도 연화도 오동도 오륙도 완도 외도 우도 이어도 장자도 제주도 진도 창선도 청산도 한산도 할미도 형제도

이름도 정겨워
꽃을 닮은 섬을 찾아
큰 섬, 작은 섬에 올라보니
앳된 소녀의 모습도 보이고
다시 보면 수줍은 처녀의 몸매이고
뒤돌아보면 당당한 여인의 자태가 보이는
섬, 섬, 섬
그 푸른 숲에 안겨
하얀 백사장에 앉아
밀려오는 파도를 보면서
하루 이틀 쯤 무언가 속삭이고 싶다

올망졸망
그 섬에 올라
그 섬들과 어울려 살면
나도 섬이 되는 것 아닐까

지금도 그리운
섬, 섬, 섬

여든 쯤 되고 보니

여든 쯤 되고 보니
세상이 보인다
인생도 보인다
모우고 쌓았다고 으뜸이 아니더라
높아져 귀하다고 해도 하루살이 목숨이더라

여든이 되고 보니
여자도 보인다
분칠에 빨간 입술
달 눈썹에 마스카라가 아무리 곱다 해도
꽃도 열흘이면 시들어버리는데
50년이 지나도 시들지 않는 꽃
박꽃 같고 호박꽃 같은 우리 집 할머니가 제일이더라

여든이 넘고 보니
조그만 길도 하나 보인다
부질없이 달려만 온 길
탐욕과 아집으로 하루하루가 싸움이었으니
살아 온 날들이 후회스러워 가슴을 치지만

이제 무거운 짐 내려놓으니
가야 할 길도 보인다

벌써 황혼, 돌아 갈 길도 없이
저 먼 곳에는 어둠이 기다리고 있지만
인생 여든에는
즐거운 것이 좋더라
사랑하는 것이 즐겁더라

얼마나 남았을까
더는 후회할 시간도 없다
인생 여든에는 즐거울 일이다
잘 놀고 즐거운 것이 으뜸이다.

물구나무 서기

아니꼬운 세상
무섭고 더러운 세상
이제는 믿을 사람 하나 없는 세상이 되었다

나릿님 말씀도 거꾸로 들리고
세월의 풍조도 거꾸로 흐르고
시대의 정신도 거꾸로 썩고 있으니

세상을 삐딱하게 바라보기
각을 무시하고
이미지 거부하고
구도(構圖)도 박살내고
비뚜름하게 누워서
때로는 뒤에서
아니면 거꾸로 보는 습관도 가져야하겠다

우리 시인들이 시를 쓸 때
진사(眞士)님들 사진 찍을 때
거꾸로 생각해 보거나 거꾸로 찍어보라 하는데

거꾸로 선 도둑놈들, 죽일 놈들
바로 보일까
거꾸로 가는 놈들이니
거꾸로 보일까

하하하하 얼마나 웃길까
거 재미있지 않을까
고독과 절망, 모순과 부조리
작가는 작품으로 말한다지만
거꾸로 가는 세상
물구나무서서 거꾸로 바라보기 위해
물구나무서기를 배워야겠다

너더댓 시간

하루에 일고여덟 시간을 잤으니
3분의 1은 잠으로 허송한 셈이다
나머지 대부분의 시간은
그놈의 모진 가난, 시래기죽을 먹지 않으려고
노동으로 찌던 땀 먼지 작업복을 입고 살았다
나의 인생 전체가 가난과의 처절한 싸움이었던 셈이다

지금 인생 말년에
내가 즐겁고 당당한 것은
내가 시라도 한 줄 쓰면서 즐거운 것은
아무리 인생이 나를 울리고 아프게 해도
열심히 살면 인생이 결코 헛되지 않음이고
극복할 수 있음이 아니던가

이제 남겨진 시간이 없다
흘러버린 시간은 다시 오지 않으니
허송할 시간이 있지도 않다
좀 더 낮추고 겸손해져서
더 치열하게 살아야겠다

신은 우리 노년을 위해
잠도 짧아지고 얇아지고 얕아지게 하셨으니
너더댓 시간
잠도 좀 줄여 너더댓 시간만 자면
남은 시간, 나의 인생이 좀 길어지는 것 아닐까

노년의 특급열차

'인생 여든 줄은 날(日)로 늙는다'*
그래서 그런지 아침마다 듣는 인사에
"밤새 안녕하십니까?"가 많아졌다
건강을 물어주는 고마운 안부이긴 하지만
"언제 떠나십니까?"
"떠날 준비는 되었습니까?"란 말처럼
염려를 가장한 어투로 들리는 때도 더러 있다

멍하니 앉아있지 말고
아직은 주눅 들지 말고
아는 체, 잘난 체, 참견치 말고
넋두리 우는 소리, 슬픈 표정 말고
당당하고 즐겁게 살려고 결심하고 있는데

그 동안
팔백 리 인생길이
완행처럼 지루하다 했는데
여든이 되고 보니 놀랍게도 특급열차였음을
이 속력이라면 종착역이 금방인 것 같으니

지금부터는 완행열차를 갈아타고
그저 편히 앉아
풍경도 세상도 즐기면서
함께 가는 친구들과 깔깔거리면서
옆에 앉은 할멈 손도 한 번 잡아주면서
그렇게 그렇게 천천히 천천히 갔으면 좋겠는데
이제는 문명이 좋아져 완행열차는 세상에 없다하니
흘러가는 구름도 무심하고
흘러가는 모든 것이 다 순간임을 알겠다

*詩人 김달진은
"인생 예순 줄은 해(年)로 늙고 인생 일흔 줄은 달(月)로 늙고 인생 여든 줄은 날(日)로 늙는다"고 했다.

여든의 생일

아이들이 다 모였다
큰 아이는 창원에서 오고
딸과 사위는 세종에서 오고
꼬마들 합쳐 가족 14명이 다 모였다

고기 먹고 소주도 한 잔 걸치고
케이크 불 켜고 해피버스데이도 부르고
축하한다, 건강 하세요, 덕담들 하지만
나이 여든의 생일에는
1년 365일이 사라져 버렸다고
그날이 좀 더 가까이 온 것 같아서
도저히 즐겁지 않다고
허무하고 아쉬워서 괜히 우울해진다면서
앞으로는 무슨 기념일이라 축하하지 말고
가만 두는 것이 좋겠다고
생각나는 대로 몇 마디 하다가

아프지만 말고
어디 여행이라도 다니면서

지금처럼 이대로만 계시라고
좋아하는 시를 쓰면서 즐거우면 좋겠다는
아이들 고운 당부에
그래 그래 고맙다 하다가

할멈이 챙긴 흰 봉투 세 개에 관심을 갖다가
웬 돈 욕심인가 하고 부끄러워 하다가
썰물처럼 아이들 다 떠나가고
영감 할멈 두 사람 집으로 돌아와 보니
내 생일 달력 위 동그라미 속으로
365개의 밤과 낮이 사라져 버린 날
오늘은 기쁜 날이고 감사한 날이지만
어찌 좀 우울한 기분이다

서평

노년의 축복

권우용의 제2시집 『제일 좋은 구두를 신기로 했다』 읽기

강희근
(시인, 경상대학교 명예교수)

1.

권우용 시인은 두 번째 시집을 내면서 제목을 『제일 좋은 구두를 신기로 했다』로 붙였다. 왜 제일 좋은 구두인가? 노령의 욕심인가, 아니면 생의 무늬에 최상의 채색을 한다는 것인가? 물론 욕심일 수도 있고 최상의 채색일 수도 있을 것이다. 그러나 필자로서는 그 모두를 떠나서 노령의 삶이 종막이거나 긴장 없는 무위의 세월이 아니라는 것에 대한 환기의 표현이라고 할 때 시를 읽는 독자에게 활력을 준다는 점에서 유의 깊게 보자는 입장이다.

이미 고인이 되었지만 김열규 교수(민속학자)는 만년에 '노년의 즐거움'이라는 설레이는 저서를 발간하여 화제를 불러 일으켰다. 김 교수는 "저무는 노을은 취하도록 해맑다. 서두르지 않고 고즈넉하다. 그래서 아침 노을과는 다르다. 저녁노을은 잔잔하고 차분하다. 고요하고 넉넉하다. 안존하고 평화롭기가 이를 데 없다. 그건 노년의 가장 바람직한 마음 자세와 꼭 같다."고 책머리에 썼다.

이 세계가 바로 권우용 제2시집의 정서요, 정신임에 틀림이 없다. 필자는 여러 번 〈후문학파〉에 대해서 이야기하곤 했다. 최근에는 김준성 소설가의 10주기 유고소설선집 해설을 쓴 정호웅 평론가는 김준성이 필자가 규정한 후문학파라고 불렀다. 노년에 느지막하게 소설을 쓰기 시작했고 그 세계는 경제 전문가답게 돈의 흐름에 대해 썼다는 점을 밝혔다.

권우용 시인도 후문학파다. 후문학파는 '선인생- 후문학'의 줄임말이다. 권우용의 시는 이제 1집에서 긴장해 있던 표현들이 자리를 잡기 시작하면서 자재롭게 진행되어 나간다. 노령의 그 느긋함, 관조, 풍부한 체현의 세계가 무르익어가는 경지를 보인다. 종횡무진하고 싶은 이야기를 다하는 기질이 되었다.

2.

권 시인의 첫머리 서시 〈쑥스러운 것은〉을 먼저 읽는다.

쑥스러운 것은
내가 여든이라는 것이고
더 쑥스러운 것은
50년 지각생이라는 것이고
더욱 더 쑥스러운 것은
이제 겨우 중학 1학년이 된 기분이라는 것이다
거기다 더욱 쑥스러운 것은
건방지게 시를 공부하고 있다는 것이고
무엇보다 더 쑥스러운 것은
부끄럼도 없이 자꾸만 시가 쓰고 싶어지는 것이고
누가 뭐라 해도 내가 쑥스러운 것은
배우지 못한 내 학문의 얕음이고 모자람인데
세상의 누가 뭐라 해도 내가 쑥스러운 것은
염치도 없이 꺼지지 않는 내 인생 마지막 열정이라 하겠는데
-〈쑥스러운 것은〉 앞부분

쑥스러움의 미학이라는 것이 그 자각이 스스로의 열정이요 시라는 것이다. 윤동주는 우리 시에서 처음으로 부끄러움이라는 이야기, 그 정서를 노래했는데, 권 시인은 쑥스러움을 토로하고 있다. 윤동주는 스스로의 삶 전체를 이야기 하는 시였고 권 시인은 노령에 시작해 쓰는 스스로의 시창작의 열정에 대해 이야기하는 것이다. 어찌 보면 권 시인에게는 많이 습득하지 못한 교양에 대한 미진함과 학문적 바탕에 대한 미진함을 말하고 있지만 시의 경우 교양과 학문은 시를 결정하는 주요 요소가 아니다. 그러므로 그는 열정을 가질 수 있을 때까지 가져 나가는 것이 시에 대한 예의이고

미덕이 될 것이다.

권 시인의 노년은 늘 즐겁고 지혜롭고 감사하고 넉넉하다.

흥겹고
즐거우면
코도 노래한다

아는 노래거나
모르는 노래거나
음정 박자는 자유
멋대로 불러도 흉보는 사람 없다

새벽 걷기 30분 쯤이나
산봉우리 올랐다 하산할 때
몸과 마음이 즐거워져서
나도 모르는 사이 흥얼거리게 되고
발걸음은 저절로 솜털처럼 가벼워진다

이웃도 함께 즐거워져
눈썹달 고운 윗동네도 맑아지고
옆마을 귓가 오솔길에 새소리가 즐겁고
이웃집 담과 대문으로 숨소리와 목소리도 흥겨우니
우리들 육신의 모든 자리가 상쾌해져
저 먼 동네 팔다리에도 힘줄 돋고

-〈콧노래〉에서

권 시인은 낙천주의자다. 그렇다고 낙천을 위한 낙천이거나 슬픔을 이기기 위한 억지 낙천이 아니다. 생래적인 것 같기도 하지만 그것보다는 인생론적 체현의 즐거움이고 또한 낙천으로 보인다. 그것은 지혜롭고 교양적인 것이라서 그 옆에 있는 사람들은 함께 낙천주의자가 될 수 있을 것이다. 인용시는 '일소일소'(一笑一少)라는 말에 이어지는 콧노래의 자각이다. 권 시인은 등산가에 버금가는 등산 애호가이다. 그래서 그 유람적 인생관 내지 달관 같은 세계를 보여준다. 자신의 콧노래가 이웃을 즐겁게 하고 윗동네를 맑아지게 하고 저 먼 동네 팔다리에도 힘줄을 돋게 한다는 것 아닌가. 콧노래지만 노숙의 콧노래다. 노숙은 경박하지 않고 주변을 경건한 주변으로 만들고 마침내 이웃과 마을을 하나의 공동체로 솟아나게 해 준다.

그러므로 스마트폰도 즐겁고 등산도 즐겁고 노령의 이웃도 닮은 꼴이라 즐거운 것이다.

이제 보니
너도 나를 닮았고
나도 너를 닮았다

잘났다고 뽐내던 놈들
계집들 꽁무니만 따르더니
졸부들, 좀 모으고 쌓았다고
흥청망청 마구 뿌리면서 설치더니
더러는 높은 자리 올랐다고 군림하고 과시하더니
이제는 떠날 놈들 다 떠나버리고
남은 사람 몇몇 뿐인데

지금 보니
모두가 닮은 꼴이라 좋다

아무리 차려 입고 광낸다 해도
너도 늙고 시들었는데
누구나 닮은 꼴
비슷하고 똑 같으니 좋지 않으냐
멸시와 비웃은 없으니 좋고
명령과 하대가 없어 좋은데
더 좋은 것은
너도 늙고 나도 늙어
우리가 시드는 것도 닮았다는 것이다
–〈닮은 꼴〉에서

노령이 됨으로 평등이 된다는 것이다. 닮은 꼴은 너와 나가 다르지 않다는 것이고, 서로가 서로를 보며 하나로 살아갈 수 있다는 것이다. 그러므로 인권주일에나 읊는 구호인 "사람 위에 사람 없고 사람 밑에 사람 없다"는 것이 실현되는 것이다. 노령은 그런 의미에서 일체 등급으로부터 놓여나는 시기이다. 편차로부터 직책으로부터 사농공상의 지위로부터 놓여나는 시기는 김열규 교수가 말한 잔잔하고 차분한 저녁노을의 시기이다. 안존하고 평화로운 마음의 세계인 것이다. 평등은 서열이 없고 줄세우기가 없는 가치이다. 일생은 어쩔 수 없이 서열잡이를 통해 통과하는 것이 있을 지라도 노령의 시대는 이로부터 광복인 것이다.

필자는 더러 친구를 만나기 위해 관에서 운영하는 노인복지회관에 가서 점심을 먹기도 하는데 그때마다 닮은 꼴이라 즐거운 풍경은 아닌 것으로 보였다. 우선 필자부터 위축이 되어 있고 상대방들은 어쩐지 후딱 식판을 비우고 뿔뿔이 나서는 것 같아 보였다. 닮은 꼴이라 마음에 드는 것이 아니라 오히려 불편해지는 구석이 있다는 것이 필자만의 생각일까? 그런데 권 시인은 이를 벗어나 있고 이를 적극적인 상황으로 받아들이고 있다. 김 교수가 "저무는 노을은 취하도록 해맑다."고 표현한 대로 권 시인의 시에서는 그러한 상태이다. 권 시인은 그러므로 김 교수가 말한 '삼광의 나이'를 살고 있다 할 것이다. 노숙, 노련, 노장이 삼광인데 이를 생활 속에 가구처럼 들여놓고 있는 것이다.

3.

권 시인의 노령의 즐거움은 그냥 공짜로 주어지는 것이 아니다. 그것은 남모르는 노력이나 수분(守分)하는 자세를 통해서 들여오는 것이다. 〈다시 소녀가 되는 방법〉을 통해 그 정황을 짚어볼 수 있다.

마음이 늙었다면
열여덟 소녀도 할머니가 된다
일흔 할머니가 꿈을 안고 사니

빙그레 웃는 모습 소녀 같지 않더냐

화장품만 찍어 바르지 말고
책을 읽고 시를 읽어라
마음이 고와지고 세상이 밝아지고
생각이 고와지면서 너도 꽃처럼 고와지리라

전설처럼 전해지는 고운 님들 이야기
얼굴 고운 기생들은 기껏해야 난봉꾼들 놀이개깜이지만
시가에 뛰어난 예기(藝妓)는 사대부 선비들의 애간장을 녹였으니
그들의 구애를 즐겼을 황진이 매창이의 이름에다
진주기생 계향이의 글귀가 지금도 향기롭지 않은가

옛선비들 낙향해서
물 좋은 계곡에 정자 하나 짓고
문우들 불러 모아 시를 읊으며 즐기던 풍류는
맑은 바람 고운 심성으로 늙지 않기 위함이었으니

백발이 두려운 사람아
주름이 무섭다는 여인아
시를 먼저 읽어라

-〈다시 소녀가 되는 방법〉에서

사실은 소녀가 되거나 선비가 되는 방법을 말하고 있다. "책을 읽고 시를 읽어라"라고 제시하고 "시가에 뛰어난 명기들을 생각하라" "시를 읊으며 풍류를 즐기라"고 조언한다. 그것이 노령을 이기는 방법이라는 것이다. 그러니까 노인은 그냥 노인이 되는 것이 아니라 자연을 벗하면서도 고금의 글귀와 시편들의 여유로움

이 새로운 활력소가 되도록 부단히 노력하는 이에게 붙여지는 메달일 것이다. 그냥 연치로만 지낸다면 늙다리이거나 노회하기를 즐기는 것에 다름이 아닐 것이다. 노년은 왜 즐거운가? 인격적으로 자유롭고 경륜으로서 노익장하는 사람이 노인이고 후문학파가 될 수 있을 것이다. 우리 주변에 후문학파로는 소설가 이병주, 김준성 등을 들 수 있고, 시인으로는 성종화나 남강문학회의 박준영 등을 들 수 있을 것이다.

권 시인은 아직 할 일이 있다는 것 아닌가. 여든에 아직 못 다한 일은 무엇일까?

못한 말
아직 못다한 말이 있는데
생각해 보니
사랑한다는 말을 못했구나

햇수로 50년이나
사랑하며 살았으면서
사랑한다 안 했으면
무슨 폭군, 정복자처럼
다스리며 군림하지 않았을까
무슨 노리개처럼
손때 까맣게 묻히면서
단물 빨며 혼자 즐겁다며 살지 않았을까

이제 여든이 되어서야
후회스럽지 않게

늦어서 부끄럽고 쑥스럽지만
더 이상 머뭇거리지 말고
감사하는 눈빛으로 조용히 말해주어야겠네
고맙다는 말도 해야지만
미안하다는 말도 해야 하지만
사랑한다는 말을 매일 해야겠네

여보 당신!
당신을 사랑합니다

-〈아직 못다한 말〉 전문

이런 시는 쉽게 나오는 시가 아닐 것이다. 여든에 와서야 자기 성찰을 통해 말할 수 있는 통절한 회심의 깊이를 간직하고 있기 때문이다. 자성이 가장 가까운 사람에게 해줄 수 있는 배려일 경우 쑥스러운 것의 극치일 수 있다. 극치이지만 그쪽으로 열린 마음이 될 때가 소중하고 거룩한 것임을 감지한 노령은 가치 있는 노령이 될 것이다. 그래서 노령에는 노숙이 있고 노련이 있고 노경에 드는 것이리라. 인생에 있어 성공은 노령에 찾는 삶이 여유로운 것일 때 붙여질 수 있는 것이고 그 여유는 가장 가까운 사람에게 여한의 공간을 없애주는 것일 터이다. 자기 자신의 교양과 지혜의 곳간을 채우는 한 편으로 같이 사는 사람과 같이 나누는 친구와의 거리감을 부단히 지워나가는 것이 또 하나의 버리는 것이 되지 않을까 한다.

4.

권우용 시인은 여든에 인생 2막에서의 또 하나 열매를 수확하고 있다. 시는 이제 문장의 쉬운 문법의 한 틀을 세우고 그것이 길어지거나 짧아지거나 하는 것은 형식론에서 결정이 되는 것 아니라 내용의 깊이와 틀이 편편에서 새로운 틀을 만들어낸다. 이런 리듬으로 가면 3집이 벌써 한 모랭이 저편에서 손짓을 할 것이라는 예단을 하게 된다. 노령의 집은 현실적으로 살아가는 주택이 될 것이지만 정신의 집은 이제 도목수의 기술로 매년 후딱 후딱 한 채씩 지어내는 시의 건축물이 될 것이다. 앞으로 권 시인의 후문학이 늘 볕이 들고 꽃이 벙글어지고 달이 뜨고 별이 흐르는 진행형 문학이 될 것을 믿어 의심치 않는다. 그래서 필자는 권 시인의 〈노년의 축복〉에 아낌없이 박수를 보내면서 축복을 축복하는 것이다.

권우용 시집
제일 좋은 구두를 신기로 했다

2017년 9월 05일 초판 인쇄
2017년 9월 10일 초판 발행

지은이 / 권우용
발행인 / 강석호

발행처 / 도서출판 교음사
편집 / 수필문학사 출판부

03147 서울 종로구 삼일대로 457 수운회관 1308호
Tel (02) 737-7081, 739-7879(Fax)
e-mail gyoeum@daum.net

등록 / 제300-2007-52호

* 잘못된 책은 바꾸어 드립니다. 값 10,000 원

ISBN 978-89-7814-711-8 03810

이 도서의 국립중앙도서관 출판예정도서목록(CIP)은 서지정보유통지원시스템 홈페이지(http://seoji.nl.go.kr)와 국가자료공동목록시스템(http://www.nl.go.kr/kolisnet)에서 이용하실 수 있습니다. (CIP제어번호 : CIP2017022708)

후원

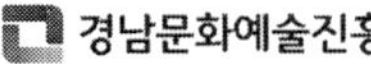